うちで作るからあげがウマい！

🉐池田書店

わが家で

ジューシー

104に

揚げる！

からあげ作りが面倒
という概念がなくなる、
おいしく、簡単で、楽しい
104品をお届け！

オリジナルからあげの

鉄則1　**部位**の個性を引き立たせる

定番の「もも」をはじめ、「むね」「ささみ」「皮」など、それぞれに明確な個性があり、味つけ、料理のアレンジによって使い分ければバリエーションがグンと広がる。

鉄則2　**衣の配分**で仕上がりを変える

肉のうま味を引き立たせるだけでなく、衣の存在感を強くする粉の配合もある。カリッとした食感を生む配合、食べごたえが増す配合など、粉の種類と配分で仕上がりが変わる。

鉄則3　**油**で口当たりを変える

衣の食感のみならず、油の種類で風味が変わる。数種をブレンドするほか、油の温度設定を変えることで、からあげの個性が変わる。二度揚げすれば、さらに違う魅力が生まれる。

鉄則 4　肉の**下味**で深みを出す

部位によって肉の魅力の引き出し方が変わるのが、下味。調味料や風味を足す食材などの加え方、肉へ味を浸透させるための方法を極める。

鉄則 5　からあげに**味つけ**をする

マンネリ化を解消するために、できあがったからあげに、味をプラスする。スパイスなどの調味料のほか、たれやソースを「かける」食べ方もある。

鉄則 6　**一品料理**にアレンジ

からあげをひとつの食材として、さまざまな料理に活用する。からあげを主役にするほか、具材として活用するなど、アレンジは無限。

Contents

本書の取り扱いについて

・ 本書で表記している「からあげ」もしくは「唐揚げ」は、特に記載がないかぎり、鶏肉を使用したものです。

・ レシピの分量は特に記載がないかぎり、2人分です。食べる量は個人差があるため目安としてください。

・ からあげ1個あたりのサイズは部位によって違います。個数表記しているものは、1個あたり約40gです。ただし、店舗メニューの分量は各店舗によってサイズが異なります。

・ 衣に使用する粉類の分量は、そのまま揚げる場合は分量を表記していますが、ふるって揚げる場合は「適量」と表記しています。

・ 揚げ油の分量は、揚げ鍋や揚げる量によって変わるため、適宜調整してください。なお、特に記載のないかぎり、サラダ油を使用しています。

・ 小さじ1は5ml、大さじ1は15ml、少々は0.3g程度（塩などの場合は、親指と人差し指でつまむ量）。適量とある場合は、味を確かめながら調整してください。

・ 電子レンジは600W、オーブントースターは1000Wを使用しています。なお、これらの調理器具を使用する場合は加熱しても問題のない耐熱の容器やシートを使用しています。

・ 卵はMサイズ（約50g）、しょうゆは濃口しょうゆを使用しています。にんにくやしょうがの1片は約10gです。すりおろしは、チューブタイプを使用してもかまいません。

・ 仕込み、下処理の工程を省いているレシピもあります。

・ 調理時間や火加減などは状況によって変わるので目安としてください。

・ 市販の食品を使用しているレシピは、商品の種類によって調理過程や仕上がりに違いが出ることがあります。

・ 本書で紹介している店舗の情報は、今後変更される場合があります。

からあげを作る前に、必ず確認を！

オリジナルからあげの基本

鶏肉の部位、下処理、下味、衣、揚げ油、調理器具、揚げ方など、家庭でからあげを作る基本を徹底解説。オリジナリティを出すために、まずベースを築こう。

鶏の銘柄と部位

市販の鶏肉の多くは、
食用として肥育された若鶏。
部位によって肉質、味が違い、
からあげとの相性もある。

◎鶏の種類

若鶏

食肉用に品種改良されたもの
で、ブロイラーとも呼ばれる。
肉は淡いピンク色で、ふっくら
張りのあるものが新鮮。

地鶏

古くからその土地で飼われてい
る鶏の在来種。肉質に弾力が
あり、風味が濃厚。シンプルな
下味が合う。

鶏以外の鳥

鴨肉はやわらかい肉質、こっ
てりとした味でからあげにも最
適。オーストラリアに生息する
エミューを提供する店もある。

◎地鶏の主な銘柄

（　名古屋コーチン　）

弾力があり、うま味が強い。
下味は極力シンプルにし、衣
も薄くするとよい。

（　比内地鶏　）

しっかりした肉質が特徴。ジュ
ーシーさは劣るが、かむほどに
肉汁が出てくる。

（　奥久慈しゃも　）

うま味が強く、低脂肪でヘル
シー。「しゃもからあげ」として
提供する店もある。

（　阿波尾鶏　）

どんな料理にも合う、深い味わ
い。ある程度火を通して余熱
で仕上げるとよい。

（　大山地鶏　）

ジューシーでうま味が強く、や
わらかな肉質のため、からあげ
にされることも多い。

◎鶏の部位

せせり

筋肉質でありながら、ほどよく脂がのり、弾力があって濃厚な味わい。

砂肝

胃の一部。さっくりとした歯触りで、コリコリとかみごたえのある部位。

手羽中・
手羽先

手羽元

手羽元・手羽中・手羽先

元と中は弾力があり、先は肉が少ないが、皮のゼラチン質でプルプルの食感。手羽先として売られているものには手羽中も含まれている。

ささみ

低脂肪、低カロリー。あっさりした味わいで、味つけの選択肢が広い。

むね

脂肪が少なく、くさみもない。パサつきやすいので加熱の加減が重要。

レバー

肝臓。ねっとりとろけるような食感で、牛肉や豚肉に比べてクセが弱くマイルド。

皮

プルプルとした弾力があるが、素揚げにするとパリパリの食感に。

ぼんじり

脂肪が多く、ジューシーでもちもちの食感。尾のつけ根にある。

なんこつ

胸の骨の先端のヤゲンなんこつと、ヒザなんこつがあり、コリコリの食感。

もも

ジューシーでコクがあり、やわらかい食感が特徴で、からあげの王道。

11

鶏肉の下処理

肉のうま味を引き出し、
食感を決めるのが下処理。
このひと手間で、コクや
ジューシーさが生まれる。

もも

余分な脂肪を切り落とす。

すべての筋に包丁を入れる。
キッチンバサミを使っても OK。

皮面を下にして縦半分に切り、
均等な大きさに切り分ける。

むね

厚みに差があるときは麺棒でた
たいて平たくする。

同量にするため、写真のように
切って 3 分割する。

繊維を断ち切るように包丁を入
れ、均等な大きさに切り分ける。

砂肝

楊枝をさすところ

半分に切り分ける。

銀皮と身の間に楊枝をさし、手で銀皮を引っ張ってはぐ。

5、6カ所、包丁で1〜2mmの切り込みを入れる。

レバー

ハツ（心臓）を切り落とし、レバーを均等な大きさに切り分ける。

ボウルに水を入れ、かき混ぜるようにして洗う。血の塊も取り除く。5〜6回水を替える。

ボウルに牛乳を入れ、10〜15分つけてくさみを取る。

ささみ

筋に沿って、浅い切り込みを入れる。

筋の先端から包丁のみねで身をしごきながら引っ張り、はがす。

手羽先

フォークで穴を数カ所開け、味をしみ込みやすくする。

※せせり、ぼんじり、なんこつは購入した食材のまま調理する。

下味のつけ方

からあげの風味を決める、
大事な仕込みの工程。
食材や調味料を順序よく、
もみ込んでいく。

◎下味の役割と効果

風味を加える

好みの味をつければ、和・洋・中・エスニックと、バリエーションは無限大！

食感を変える

下味に使う調味料や食材により、肉をやわらかくする、引き締めるなど、肉質を変えられる。

肉のうま味を引き出す

鶏肉のうま味と下味の相乗効果により、かむごとに味の変化を楽しめる。

◎定番の下味・調味料

塩	肉のうま味をシンプルに味わうのに最適。肉の重さに対して 0.8 〜 1% が適量。
こしょう	粒子の細かいタイプが合う。パンチのあるクリスピー系には粗挽きでもよい。
しょうゆ	香ばしく仕上がる。つけすぎると肉がかたくなるので、つけ込みは短時間で。
酒	肉のくさみを取り除くだけでなく、肉質をやわらかくする効果がある。
ごま油	風味づけだけでなく、肉のうま味を閉じ込め、ほかの下味をまとめる役割がある。
マヨネーズ	風味づけと、肉をやわらかくする効果がある。パサつきがちなむね肉におすすめ。
スパイスなど	山椒、七味唐辛子、チリパウダー、カレー粉、青のり、粉チーズなど。

◎定番の下味・その他

にんにく	少量でもパンチが加わり、しっかりした味わいに。しょうゆとの相性がよい。
しょうが	和風に仕上がる。チューブでもよいが、香りを重視したい場合は、生のすりおろしが最適。
はちみつ	肉と一緒につけ込めば肉質をやわらかくできる。焦げやすくなるので入れすぎに注意。
ヨーグルト	肉質がしっとりやわらかくなり、さわやかな風味に。洋風に仕上げるのに最適。
塩麹	かたくなりがちな部位もしっとりに（つけ込み15分）。粒タイプは軽くぬぐって使用を。
ブライン液	水（100mℓ）＋砂糖（5g）＋塩（5g）を合わせた液。半日〜ひと晩で肉がしっとりする。

◎下味のつけ方

もも肉320g、塩小さじ1/2、こしょう小さじ1/4、酒大さじ1、にんにく・しょうが各5g、しょうゆ・ごま油各小さじ1、薄力粉大さじ2、片栗粉適量

1、

もも肉は8等分に切り、塩、こしょうをふって10回もみ込み、酒を加えてさらに20回もみ込む。

2、

すりおろしたにんにく、しょうがを加えて10回もみ込む（どちらか片方でもよい）。

3、

しょうゆを加えて10回もみ込み、ごま油を加えてからめるように3、4回もみ混ぜる。

4、

薄力粉を加え、調味液がしっかり混ざるまでもみ込む。

5、

皮を引っ張って肉を覆い、形を整える（成形は省いてもよい）。

6、

揚げる直前に片栗粉をまぶし、余分な粉を落とす。

※しっかりもみ込めば、つけ込み時間は短くてもよい。

衣の種類と配合

揚げあがりや食感、
風味のカギを握るのが衣。
鶏肉に洋服を着せる感覚で、
好みを見極めよう。

◎衣の役割と見極め

食感

カリッ、サクサク、ザクッ、しっとり……。衣の種類や配合でその食感を変えられる。

肉の食味

肉のうま味を閉じ込めるのが最大の役割。つけすぎると油っぽくなるので注意。

味つけ

衣自体に食材や調味料を加えるとオリジナルのからあげに。肉の下味との兼ね合いが重要。

◎粉の種類

薄力粉

家庭からあげの定番。軽い仕上がりで肉の存在を生かしやすい。しっとりふんわりとした衣になる。

強力粉

ザクザクとした食感になり、衣の存在感が増す。粒子が少し細かい中力粉で代用してもよい。

片栗粉

さっくりとした歯切れのよい食感で、見た目は白っぽく仕上がる。和風仕立てに合う。

米粉・コーンスターチ

両方とも粒子が細かいので、薄い衣にしたいときに最適。サクサクした軽い食感に仕上がる。

◎薄力粉ベースの配合別特徴

薄力粉のみ

下味の水分量が多い場合は、調味液に薄力粉を練り込むように均一に混ぜてから肉にからめると、ふっくらやわらかな衣に。

薄力粉1：片栗粉1

片栗粉の配分を増やすほど、カリッとした食感が増す。片栗粉のみで揚げると、さっくりした仕上がりになる。

薄力粉1：米粉1

米粉の配分を増やすと、食感が軽くなる。米粉は油の吸収率が比較的低いため、時間が経ってもベタつきにくい。

薄力粉1：強力粉1

ザクザクとした食感になり、フライドチキンのような厚い衣になる。スパイスを加えるからあげに適している。

薄力粉1：コーンスターチ1

コーンスターチが入ると、パリッとしっかりとした衣になる。衣の食感の持続性が比較的高くなる。

その他の粉

全粒粉：衣の風味が増す。
タピオカ粉：もちもちした食感になる。
もち粉：軽い食感になる。
コーングリッツ：つぶつぶ食感がアクセント。
パン粉：細かく砕いてカリカリ食感に。
そば粉：ほんのり風味がつき、和風に。

卵は、入れる？ 入れない？

衣の食感の違いは、肉の下味に卵を入れるか入れないかでも変わる。サクッとした歯切れのよい食感に仕上げたい場合は、卵を入れない。溶き卵を加えると、衣に厚みができてふんわりやわらかい食感になる。

揚げ油の使い分け

カリッとジューシーな仕上がりが、
からあげの魅力。
風味や健康面の視点からも
ベストな油を選びたい。

◎油の役割と見極め

食感

高温・短時間で加熱できるので、衣はカリッと、肉はコクが出てジューシーに仕上がる。

風味づけ

油の種類で風味が変わる。香ばしい風味をもたらす、調味料的な役割を果たす。

食材への浸透

衣や肉に浸透することで、まろやかな口当たりになる。揚げることで食材の保存性も高まる。

◎油の量と温度で仕上がりが変わる

サラダ油は原材料が1種類のものと、複数種をブレンドしたものがある。クセがないので、食材の風味を生かしやすい。サラサラしていて、クリアな揚げ色になる。

油の適切量	肉を入れた際に温度を下がりにくくするために、量はたっぷり。
油の温度	じっくり揚げる場合は160℃、一気に揚げる場合は180℃以上が基準。中間の170℃や、温度を変えて二度揚げする方法もある。菜箸を入れて出る泡の状態で温度を確認できる(P.21 参照)。
油をきれいに	汚れた油はにおいがつき、胸焼けの原因に。新鮮なものを使うか、油こし(P.22 参照)をこまめに行うこと。

160℃　　170℃　　180℃

◎油の種類で仕上がりが変わる

オリーブオイル

洋風アレンジに最適。ピュアオリーブオイルに少量のエキストラバージンオリーブオイルを加えると風味がアップ。

ごま油

からあげとの相性がよい。下味に加えたり、揚げ油に少量加えたりしてコクを深められる。

キャノーラ油

菜種を改良した品種から抽出した油。風味にクセがなく、色が薄いので仕上がりがきれい。

米油

ふくよかな香りが特徴で、酸化しにくく、さらりとした仕上がりに。和風仕立てに合う。

べに花油

抗酸化作用のあるビタミンEが豊富。酸化しにくいため、弁当用など作り置きに便利。

＼ポイント！

風味が強く、色の濃いオリーブオイルやごま油は、クセの少ないサラダ油に加えるのがおすすめ。ブレンドの割合は、サラダ油の3割程度を目安に。

ラードを入れてコクうまに！

専門店や精肉店のからあげがおいしいのは、何度も揚げることで肉のうま味が油に浸透しているから。またラード（豚の脂肪を原料にした油脂）を使用していることもある。家庭では、サラダ油にラードを少量加えるとコク増しできる。

失敗しない揚げ方

**便利な調理器具を揃え、
手順よく揚げればOK。
手間を省くためにも、
まずは基本を押さえよう。**

◎使い勝手のよい調理器具

※写真の商品は、パール金属株式会社提供

□ 油鍋

油鍋とオイルポットが一体となったものもある。

揚げ物専用の鍋がなくても、深さがあればフライパンでもOK。
油はねが気になる人は、防止カバーを使うとよい。

サイズ： 作る量に適したものでよい。

形状： 深いほうが油はねの心配がない。

素材： 熱伝導率が高いのは銅製と鉄製。錆びにくく扱いやすいのはステンレス製とアルミ製。

□ 油切り用バット

揚がったからあげを取り出すバット。網をつけるか、キッチンペーパーを敷いて使う。

□ キッチンペーパー

余分な油を吸い取る。電子レンジで温める際は必ず耐熱性のものを使うこと。

□ 菜箸・トング

調理しやすいものを選ぶとよい。木製の菜箸なら油の温度の目安を確かめられる（P.21参照）。

□ すくい網

揚がったからあげを一度にすくうのに便利。揚げカスを取り除く場合は網の目が細かいものがおすすめ。

□ 温度計

温度計を油に入れることなく、赤外線で温度を測れるものもある（写真）。

◎外さっくり、中ふんわりに仕上げる、二度揚げの方法

1、

鶏肉の余分な脂や筋を取り除き、好みのサイズに切る（P.12〜13参照）。

2、

下味をつける（P.15参照）。

3、

衣をまぶす（P.15参照）。

4、

揚げ物用鍋に油をたっぷり入れ、160〜170℃に熱する（菜箸に小さな泡ができる）。

5、

鶏肉を入れて約3分揚げる。1分半で上下を返す。

6、

バットに取り出し、約3分休ませる（余熱で火が通る）。

7、

油を180〜190℃に熱する（菜箸に大きな泡が多数できる）。

8、

6の鶏肉を再び入れ、ときどき混ぜながら約1分揚げる。

9、

色づいた順にバットに取り出し、油を切る。

家庭で簡単テク

調理の手間と油の処理で、
揚げ物作りは敬遠されがち。
道具と作り置きテクがあれば、
一気に楽しい調理になる。

◎油を長持ちさせる

調理後の油の処理

汚れが少ない場合は、熱いうちに耐熱フィルターや、目の細かい網でこす。空気が触れる面積が大きいと劣化が早いので、オイルポットなど密閉容器に入れて冷暗所で保管する。

※写真の商品は、パール金属株式会社提供

使用済み油の活用

肉のうま味が残った油は、炒め物やチャーハンなどへの活用もおすすめ。ただし、油の酸化が進むと風味が悪くなり、健康面にも支障が出るので、2日以内に使い切ること。

◎油の捨て方

凝固剤	油が熱いうちに凝固剤を入れて混ぜておくと、固まりやすく廃棄しやすい。
吸い取りパット	油を吸い取る市販のパットを活用。少量の油を廃棄するのに適している。
牛乳パックや新聞紙	新聞紙や不要になった再生紙をちぎって牛乳パックにふんわり詰め、冷めた油を注いで吸わせる。

◎油の使用を減らす調理

電子レンジ	水分が残るため、できるだけこんがりさせるには、水分を減らした下ごしらえが必要になる。
オーブントースター	アルミホイルに少量の油を入れて加熱する。焦げができて香ばしく仕上がる。
魚焼きグリル	少量の油で香ばしく仕上げられる。油はねの心配もいらない。
フライパン	表面を薄く覆う程度の油を入れ、揚げ焼きで作ることができる。

※作り方の詳細は P.106 ～ 109 参照。

◎調理過程別の保存テクニック

揚げたからあげを保存

よく冷ましてラップでぴっちり包み、密閉袋に入れて保存。賞味期限の目安は、冷蔵なら2日以内、冷凍なら2週間以内。

衣をつけた状態で保存

密閉袋に入れて空気を抜き、冷蔵庫で保存。2日以内に調理すること。

下味をつけた状態で保存

密閉袋に入れて空気を抜き、冷蔵庫の場合は翌日まで、冷凍なら1カ月以内に調理すること。

肉の下処理をした状態で保存

キッチンペーパーで水けをふき取る。冷蔵はラップで包み翌日まで。冷凍は塩、こしょうをふり、サラダ油を少量まぶしてラップで密閉し、1カ月以内に調理すること。

◎からあげの温め直しと活用法

フライパンを活用

電子レンジで軽く温めたのち、フライパンに少量の油を入れて表面がカリッとするまで揚げ焼きにする。量が多い場合は揚げてもよい。

オーブントースターを活用

電子レンジで軽く温めたのち、オーブントースターで焼く。

ほかの料理の具材にする

主菜や丼物、麺料理などの具材として使えば、からあげの違った味わいを楽しむことができる。
※料理へのアレンジは、P.69〜83、P.89〜105参照。

 衣をつけた状態で保存したものは、揚げる前に再度薄く粉をつけると食感よく仕上がる。

"からあげ愛"の根源にある母からのご褒美

今でこそ、日本全国のおいしいからあげを毎日のように食べ歩いているが、幼いころ、からあげは滅多に食べられるものではなかった。鹿児島県の種子島にはからあげを売っているところがなく、採卵期間を終えた鶏がたまに手に入ったとき、母がからあげにしてくれた。食肉用として飼育されたものではないため、とてもかたい肉だったが、母の調理の工夫により、私にとっては特別なおかずだった。しょうゆとにんにくベースのからあげだ。それからしばらくして家族で東京に引っ越し、近所にあったファミリーレストランのからあげを食べて、その味わいに驚愕した。母のからあげも大好きだが、それとはまた別のおいしさ。からあげの懐の深さ、振り幅の大きさを感じ、この魔法のような食べ物の可能性を追い求めるため、日本唐揚協会を立ち上げた。

現在、協会の会員数は16万人を突破。さまざまなからあげに出合うとともに、私のようにからあげに愛情を注ぐ人がこんなにもたくさんいるのかと、改めてからあげの価値を思い知らされている。食べる人、作る人、広める人、すべてに共通しているのが、からあげを前にすると自然に笑顔になることだ。それは平和な世の中ともいえるのではないだろうか。

私は、からあげが世界を平和にできると思っている。日本のからあげが、世界の「KARAAGE」になるまで、もっとからあげの可能性を追い求めたい。365日からあげを食べ、週に3回は手作りもしているが、たまに食べる、妹が再現してくれる母のからあげが、やっぱり私にとっての一番のご褒美だ。

私が魅せられたからあげ①

「日本唐揚協会」会長　やすひさてっぺい

「日本唐揚協会」考案

部位別

ベストからあげ

もも、むね、ささみ、せせり、ぼんじり、砂肝、手羽先＆手羽元、なんこつ、皮、レバー、それぞれの個性を引き出す、日本唐揚協会・会長のレシピを大公開。

・肉は脂や筋などを取り除いた分量。2人分が目安。
・揚げ油はサラダ油を使用。
・写真の盛りつけは、レシピの分量とは異なる。

もも

薄衣で外はカリッと
中は肉汁ジューシーに！

王道にんにくしょうゆ

[材料]

部位 もも肉 …………………… 300g

下味 すき焼きのたれ ……… 大さじ 2
※しょうゆ、砂糖、塩、みりん、かつお
だし配合。

ガーリックパウダー … 少々

衣 片栗粉 ……………………… 適量

[作り方]

1、 肉を 8 等分に切っ
てポリ袋に入れ、
肉総量の 0.5% の
塩(材料外)を加えてもみ込み、30 分おく。

2、 1 に下味の材料をすべて加え、よくもみ
込む。空気を抜いて冷蔵庫で半日～ひ
と晩おく。

3、 ボウルに 2 を入
れ、片栗粉を肉ひ
とつずつにていね
いにつける。これ
をザルに移し替えて余分な片栗粉をふる
い落とす。

4、 油を 180℃に熱し、少量ずつ入れて約
6 分揚げる。

日本唐揚協会流

肉汁を楽しむ

揚げ油に大量の肉を入れると温度が
一気に下がる。少量ずつ入れて高温
で一気に揚げることで、ジューシーな
仕上がりに。薄衣なら軽い揚げあがり
になるので、肉汁を存分に味わえる。

27

むね

二段仕込みの
下ごしらえが
あっさり味の肉に
効果的！

ふわっと軽く和風仕立て

[材料]

部位	むね肉	300g
下味	白だし（液体）	大さじ1
	みりん	大さじ2
	ジンジャーパウダー	少々
衣	小麦粉	大さじ2
	片栗粉	大さじ2

[作り方]

1、P.27の1と同様に肉に塩をもみ込み、下味の材料をすべて加え、よくもみ込む。空気を抜いて冷蔵庫で半日〜ひと晩おく。

2、1に小麦粉と片栗粉を入れ、肉全体に衣がつくようにもみ込む。

3、油を180℃に熱し、少量ずつ入れて約3分揚げる。

日本唐揚協会流

衣にふんわり感を出す

小麦粉を入れることで、ふんわりとした衣に仕上がる。むね肉のあっさりとした味わいを生かすため、主張しすぎない下味にすることで、胃もたれしない、やさしい味わいになる。

ささみ

厚衣&濃いめの下味で
ガツン！とした
パンチある一品に

焼肉のたれで時短おかず

[材料]

部位	ささみ	300g

下味　焼肉のたれ ……………… 大さじ 2
※しょうゆ、りんご、砂糖、玉ねぎ、しょうが、にんにく、塩配合。

衣　　小麦粉 ………………… 大さじ 4

[作り方]

1、 肉の筋を取って半分に切り、P.27 の 1 と同様に肉に塩をもみ込み、焼肉のたれを入れ、よくもみ込む。空気を抜いて冷蔵庫で半日〜ひと晩おく。

2、 1 に小麦粉を入れ、肉全体に衣がつくようにもみ込む。

3、 油を 180℃に熱し、少量ずつ入れて約 5 分揚げる。

日本唐揚協会流

市販のたれを活用する

下味にさまざまな食材や調味料を入れて味わいに奥行きを出してもよいが、市販のたれはそれらが配合されており、下味をつける手間を省ける。好みのたれを探すのも楽しい。

せせり

脂の多い部位なので
薄味＆薄衣で軽く仕上げる

肉のうま味重視で
ピリ辛をちょい足し

[材料]

部位	せせり	300g
下味	白だし	大さじ1
	ガーリックパウダー	少々
	一味唐辛子	少々
衣	片栗粉	適量

日本唐揚協会流

肉の食感を生かす
サクサク衣

せせりは独特の食感が魅力。片栗粉をできる限りふるい落とすことでサクサクの食感に仕上がり、肉の弾力が楽しめる。下味も肉のうま味を生かすために主張しすぎないように。

[作り方]

1、肉が大きい場合はひとくち大に切り、P.27の1と同様に肉に塩をもみ込み、下味の材料をすべて加え、よくもみ込む。空気を抜いて冷蔵庫で半日〜ひと晩おく。

2、ボウルに1を入れ、片栗粉を肉ひとつずつにていねいにつける。これをザ  ルに移し替えて余分な片栗粉をふるい落とす。

3、油を180℃に熱し、少量ずつ入れて約5分揚げる。

ぼんじり

小籠包のようにあふれる肉汁
骨のコリコリ食感も魅力

肉のうま味を塩で引き出す

[材料]

| 部位 | ぼんじり | 300g |
| 下味 | 焼肉の塩だれ | 大さじ 2 |

※塩、サラダ油、塩、こしょう配合。

| 衣 | 米粉 | 大さじ 2 |

[作り方]

1、肉を洗ってキッチンペーパーで水けをふき取り、P.27 の 1 と同様に肉に塩をもみ込み、焼肉の塩だれを入れ、よくもみ込む。空気を抜いて冷蔵庫で半日～ひと晩おく。

2、1 に米粉を入れ、肉全体に衣がつくようにもみ込む。

3、油を 180℃ に熱し、少量ずつ入れて 5 ～ 6 分揚げる。

日本唐揚協会流

骨の食感を楽しむ

骨を取り除いて作るのが一般的だが、骨を取らずにそのまま揚げる。肉の食感に、骨のコリコリとした食感が合わさる。米粉はサクサクとして歯切れがよいので、肉の弾力をより感じられる。

砂肝

衣がなくても
からあげ！
コリコリ食感を
油で引き出す

ていねいに下処理して素揚げ

【砂肝】

[材料]

部位　砂肝 ……………… 200g

仕上げ　塩、こしょう ………… 各少々

[作り方]

1、P.27 の 1 と同様に肉に塩をもみ込む。半分に切り、表側と裏側の両方に 2 ～ 3mm 間隔で 2 ～ 3mm の深さに切り込みを入れる。

2、油を 180℃に熱し、少量ずつ入れて約 4 分揚げる。

3、器に盛りつけて、塩、こしょうをふる。

日本唐揚協会流

銀皮を残した食感

銀皮の舌触りが気になる人は取り除いてもよいが（P.13 参照）、表側と裏側にていねいに切り込みを入れることで歯切れのよい食感に揚げあがる。

手羽先&手羽元

低温でじっくり揚げると
肉汁がどんどんあふれ出す

甘辛く、スパイシーな仕上がり

[材料]

部位	手羽先、手羽元	各 150g
味つけ	すき焼きのたれ	大さじ 2
	※しょうゆ、砂糖、塩、みりん、かつおだし配合。	
	すりごま	適量
衣	片栗粉	大さじ 2
仕上げ	白こしょう	少々

[作り方]

1、手羽先、手羽元とも骨に沿って包丁で切り込みを入れ、P.27 の 1 と同様に肉に塩をもみ込む。

2、ボウルに 1 を入れ、片栗粉を肉ひとつずつにていねいにつける。ザルに移し替えて余分な片栗粉をふるい落とす。

3、油を 160℃に熱し、少量ずつ入れて約 8 分揚げる。油を切って少し冷ましたからあげをポリ袋に入れ、すき焼きのたれとすりごまを加え、全体にからめる。器に盛りつけて白こしょうをふる。

日本唐揚協会流

揚げあがりのタイミング

肉が浮いてきて、包丁で切り込みを入れた部分から透明な肉汁がにじみ出てきたら、揚げあがりのサイン。切り込みを入れることで火の通りがよくなり、加熱のしすぎも防げる。

なんこつ

ふわっとした衣から
コリコリ食感が現れる!

めんつゆのだしで
味わい深く

[材料]

部位　なんこつ —————— 300g

下味　めんつゆ（ストレートタイプ）
　　　　　—————————— 大さじ 1

衣　　米粉 ——————————— 大さじ 2

日本唐揚協会流

米粉はふわっと軽やか

ふわっとした舌触りと、カリッとした食感を融合させるのに米粉が最適。なんこつのコリコリとした食感が引き立ち、軽い仕上がりなのでたくさん食べられる。

[作り方]

1、P.27 の 1 と同様に肉に塩をもみ込み、めんつゆを入れて、よくもみ込む。空気を抜いて冷蔵庫で半日〜ひと晩おく。

2、1 に米粉を入れ、肉全体に衣がつくようにもみ込む。

3、油を 180℃に熱し、少量ずつ入れて 5 〜 6 分揚げる。

皮

カリッと、パリッと
プルッとした
チップス仕立て

食感命で、味つけは
シンプルに

[材料]

部位	皮	300g
衣	米粉	適量
仕上げ	塩、白こしょう	各少々

[作り方]

1、皮をひとくち大に切り、P.27の**1**と同様に肉に塩をもみ込む。鍋に入れ、2〜3分ゆでる。

2、キッチンペーパーで**1**の水けをふき取り、ボウルに入れ、米粉を皮1枚ずつにていねいにつける。これをザルに移し替えて余分な米粉をふるい落とす。

3、油を180℃に熱し、少量ずつ皮を広げて入れ、約8分揚げる。器に盛りつけ、塩、こしょうをふる。

日本唐揚協会流

下ゆでで肉質をやわらかく

皮はゆでることで、ほどよく脂が抜け、くさみも取れてやわらかくなる。せんべい状になるまでしっかり揚げると、衣と皮が食感よく仕上がり、皮下についている部位のプリプリ感も残る。

レバー

外はカリカリ、中はしっとり！
風味豊かに揚げあがる

衣、下味とも
パンチを効かす

[材料]

部位　レバー 300g

下味　焼肉のたれ .... 大さじ 2
　　　※しょうゆ、りんご、砂糖、玉ねぎ、しょう
　　　が、にんにく、塩配合。

衣　　小麦粉 .... 大さじ 4

[作り方]

1、レバーをそぎ切り
　にして白っぽくな
　るまで血抜きをす
　る (P.13 参照)。肉をポリ袋に入れ、焼
　肉のたれを加えてよくもみ込む。空気を
　抜いて冷蔵庫で半日〜ひと晩おく。

2、1 に小麦粉を入れ、肉全体に衣がつく
　ようにもみ込む。

3、油を 180℃に熱し、少量ずつ入れて約
　3 分揚げる。

※レバーにハツがついている場合は、一緒に調理してもよい。

日本唐揚協会流

肉は鮮度がよいものを

下処理も重要だが、鮮度のよい肉を
選ぶとよい。くさみがなく、味わいよく、
しっとりした肉質を楽しめる。短時間
で揚がるように小さめにカットするのが
おすすめ。

100 種類の味を楽しめるお店

「茶割」の人気からあげ **12** 品

100 種類のお茶割りと
100 種類のからあげが楽しめる人気店の「茶割」。
部位の個性を生かし、
斬新な味つけをした
各店おすすめのからあげを紹介。

中目黒店

都内で展開する4店舗は、それぞれコンセプトもメニューも違う。和風、エスニック、イタリアン、フレンチを彷彿とさせるからあげは、敬礼したくなるおいしさ。

メニュー：①〜③代官山店、④〜⑥目黒店、⑦〜⑨学芸大学店、⑩〜⑫中目黒店

①せせり × モヒート

衣：片栗粉・米粉・牛乳

ライムジュースがベースの特製ソースをからあげにかけ、フレッシュミントの葉をのせて、食べるカクテルのような仕上がりに。

②ハニーナゲット × チャイ

衣：片栗粉・米粉・牛乳

はちみつを混ぜ込んだ自家製のナゲットに、シナモン、カルダモン、しょうがなどの香りが相まった一品。

③エミューフィレ × カルボナーラ

衣：片栗粉・米粉・牛乳

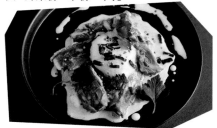

脂の少ないフィレのからあげに、ベーコンのうま味を移した脂、卵、チーズのソースをかけ、温泉卵と一緒にいただく。

④むね × ヤンニョム

衣：片栗粉

からめるたれは、ベースのしょうゆとはちみつにより、コチュジャンの辛味がマイルドに。白ごまで食感と風味をプラス。

⑤ぼんじり × カレー

衣：片栗粉

数種のスパイス、コンソメ、ガーリックを独自に調合。ぼんじりの力強さが発揮されている。

⑥鴨むね × 南蛮

衣：片栗粉

甘酢に唐辛子の風味を足し、刻んだしば漬け入りのタルタルソースで、やわらかな鴨肉を香りよく彩った一品。

⑦もも × にんにくしょうゆ

衣：片栗粉・米粉・牛乳

下味ににんにくおろしとパウダーを多めに入れ、ごま油でさらに風味を引き出した調合。お酒との相性抜群。

⑧ささみ × わさび

衣：片栗粉

下味に粉わさびを使うことで、色鮮やかに。また、揚げることでツンとした香りがまろやかになる。

⑨なんこつつくね × 土佐酢

衣：片栗粉

かつおだしの風味と酢の酸味でさっぱりした仕上がりに。下味のしょうがが肉のうま味を引き出し、風味を加えている。

⑩さつま純然鶏もも × ほうじ茶

衣：小麦粉・米粉

泡状にしたほうじ茶の香ばしさと、下に敷いたごぼうのピューレで土の香りのマリアージュが楽しめる。

⑪レバー × 赤ワイン

衣：小麦粉・米粉

赤ワイン、カシス、エシャロット、バター、こしょう、ごぼうのピューレで辛味と甘味を強め、からあげと融合。

⑫うずらつくね × 土佐酢

衣：小麦粉・米粉

衣の上にみょうがや大葉をのせ、その上にジュレシートにした土佐酢をかけることで、衣のカリカリ感が保たれている。

日本を代表する国民食に！

からあげ調査

好きなおかずは？（2020年調査）

人気の肉・魚料理をおさえて、からあげが人気No.1に！

1位　からあげ
2位　焼肉
3位　餃子
4位　刺身
5位　トンカツ／天ぷら

複数回答のアンケート調査で全体の72.4%がからあげを選択。からあげの好意度では、全体の約90%が「好き」と回答しており、今では食生活の中心的な存在になっている。

からあげを多く食べている都道府県は？（2020年調査）

1位　大分県　56.5個
2位　千葉県　52.0個
3位　北海道　51.8個
⋮
47位　徳島県　23.5個

1カ月間に食べているからあげの1人あたりの個数を調査した結果、大分県が1位に。1カ月に1回以上食べている割合が高かったのが宮城県で、82.0%だった。

ニチレイフーズ「全国から揚げ調査2018、2020年」

からあげの消費は年々増えている!
※推計値

2018 年 … 約 220 億個
2019 年 … 約 250 億個
2020 年 … 約 417 億個

からあげの好きな部位は? (2018 年調査)

1 位	もも	85.8 %
2 位	むね	44.4 %
3 位	手羽先	37.5 %

複数回答のアンケート調査で断トツで「もも」が人気という結果だった。からあげ専門店の多い大分県は「むね」が57.0%と全国で最も高い結果となった。

からあげに最も合う飲み物は?
(2018 年調査、20 ～ 79 歳対象)

1 位	お茶	45.5 %
2 位	ビール	22.1 %
3 位	その他ノンアルコール	10.9 %
4 位	その他アルコール	8.6 %

全体を通じ、お茶(日本茶+烏龍茶)が最も高かった。アルコール類(ビール+その他アルコール)と回答した割合は、20代の 15.1 % に対し、50 代は約40%で、おつまみとしての利用が多いことをうかがえた。

『特から®』誕生のきっかけは
少年期の「食」への関心と研究成果だった

両親が薬局を営んでいたこともあり、母は毎日仕事をしながら料理を作り置きしてくれたり、弁当を作ってくれたりしていた。しばらくして父親が若くして他界し、私は自然と料理をするようになり、食品関係の仕事に就くのは自然な流れだったかもしれない。

地元の大学院で食品機能について研究し、その後、ニチレイフーズに就職。入社以来、冷凍食品の商品開発に携わり、2015年「新唐揚げ（後の『特から®』）」のプロジェクトに携わりたいと自ら名乗りを上げた。

それまでの10年以上の開発経験を生かして唐揚げに向き合い、毎日試行錯誤を繰り返した。1年以上の歳月をかけてやっとの思いで完成させた試作段階の冷凍唐揚げ

『特から®』は、ニチレイフーズが販売する冷凍唐揚げ。味つけや揚げ時間、温度にこだわり、電子レンジで温めるだけで揚げたてのおいしさを再現している。

だったが、ある課題を乗り越えなければならなかった。開発期限まで残り2カ月と、崖っぷちの状況だった。

絶体絶命ともいえるピンチだったが、偶然「○○の△△技術を応用してみよう」とひらめき、それがピタリと的中。上司もGOサインを出してくれ、生産、営業、プロモーション、会社を挙げて『特から®』が世に送り出された。

もし20年以上前に『特から®』があったら、どれだけ母親を楽にできただろう。弁当にも夕飯にも『特から®』はピッタリ。私がもし高校時代に戻れたなら、1度に1袋食べ切る勢いだったと思う。

かけるレシピ

からあげを
グレードアップ

むね肉のからあげがたれやソースで
まったく違う味わいに。トッピング
からあげの元祖である店「天下鳥ま
す」で人気のメニューを紹介。

タルタルソース

ゆで卵、玉ねぎ、ピクルスを細かく刻み、マヨネーズと塩、こしょうで味を調えたタルタルをからあげにたっぷりかける。具材はお好みでアレンジしても、市販のものを使っても OK。タルタルのシャキシャキ感、衣のサクサク感、肉の弾力のハーモニーがたまらない。

54

大根おろし 100g に対してポン酢、めんつゆとも 50㎖の配分（作りやすい分量）がおすすめ。大根おろしはしっかり水けを切って衣がベタつかないように注意を。大根とポン酢やめんつゆの風味が加わって一気に和風仕立てのからあげになる。一味唐辛子をふりかけてもおいしい。

おろしポン酢

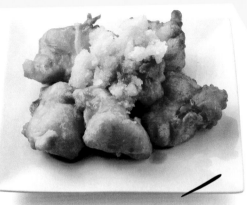

おろし2種

大根おろしでさっぱり！
お好みで
酸味の強いポン酢、
だしの効いためんつゆを

天つゆおろし

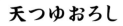

簡単、絶品、
たこ焼き風からあげ！
ウスターソースが
意外に合うんです

ウスターソース（お好み焼きソース）1に
対してマヨネーズ1の配分がおすすめ。
削り節を散らせば、ひとくちめはたこ焼
きだと錯覚するほど。ソースとマヨネー
ズでコクが、削り節で風味が増し、味
わい深くなる。青のりを散らしてもよい。

たこ焼き

56

バターしょうゆ

バターの風味で後を引くおいしさ!
コクが出て、ごはんとの相性もよい

バター 10g に対してしょうゆ 10mℓの配分 (作りやすい分量) が
おすすめ。揚げたてのからあげにバターをのせてしょうゆをか
けるだけの簡単アレンジ。むね肉のコクが増し、しっとりした口
当たりになる。お好みで小口切りにした小ねぎを散らしてもよい。

市販ソース&たれの 4 種

スイートチリソース

チーズソース

数種のチーズが融合されたソースでコクとうま味がグレードアップ！

ピリ辛、甘味、酸味が効いた
エスニック風のからあげに！

タイやベトナム料理で多用されるスイートチリソースは、揚げ物との相性も抜群。辛味と酸味のみのチリソースもよいが、甘味が加わることで、マイルドな味わいになる。衣の食感が失われないように少量をつけるのがおすすめ。小ぶりなからあげ 5 〜 6 個に 20㎖が目安。

ピザのトッピングやハンバーグのソースとして活用するチーズソースを、からあげにかけるだけ。からあげ粉に含まれる香辛料と融合して、肉のうま味を底上げしてくれる。裏技としてオーブントースターで少しだけ焼くと、香ばしさが出て、またおいしい。

塩だれ

**肉のうま味はそのままで
味わいにパンチを効かせる!**

肉料理に鉄板の塩だれが、からあげに合わないわけがない。市販の種類によって変わるが、たれの主な材料は、塩、こしょう、にんにく、ごま油、だし（鶏ガラなど）、レモン汁など。オリジナルで塩だれを作るなら、これに小口切りにしたねぎを加えてもよい。

適度なとろみがからあげにからまって、梅独特の酸味が肉のうま味を引き立てる。市販のたれはしょうゆや砂糖、だしなどさまざまな材料が混ぜ合わされているので、奥深い味わいに。梅の香りに食欲がそそられる、暑い日にもおすすめの一品。

梅だれ

**さわやかな香りと
酸味が特徴
ボリューミーな
からあげが軽やかに!**

ピリッとした
辛味の明太子と
まろやかなマヨが
抜群のバランス

明太マヨ

市販の明太ソースなら香辛料やだしも効いて風味が豊か。明太ソース 20g に対してマヨネーズ 50g の配合（作りやすい分量）がベストバランス。粒入りのソースなら、プチプチ食感もアクセントに。おつまみにも、ごはんのお供にもなる。

わさびマヨ

チューブタイプのわさびで OK。わさび 10g に対してマヨネーズ 50g、塩少々（作りやすい分量）を混ぜ合わせれば、オリジナルのソースが完成。からあげの下味にわさびを入れることもあるが、辛味がぼやけてしまうので、辛味が欲しい人は、あとからかけるこのスタイルが◎。

ツーンとした辛味がほどよく効き、マヨネーズがマイルドに仕上げる！

スパイシーな香りが
揚げたての香ばしさと融合！

カレーマヨ

カレー粉 10g に対してマヨネーズ 50g の配合（作りやすい分量）がおすすめ。マヨネーズにカレー粉を混ぜてもよいし、マヨネーズをかけた後にカレー粉をふりかけてもよい。鶏肉とカレーの相性は語るまでもなく、誰もが大好きな組み合わせ！

組み合わせアレンジ 6 種

コク、酸味、辛味など
それぞれの主張の度合いを
お好みでコントロール!

ポン酢 ＋ マヨ

ポン酢 50mlとマヨネーズ 50g（作りやすい分量）をそれぞれかける。

タルタル ＋ カレー

タルタル (P.54) の上に、カレー粉 10g をふりかける。

チーズソース ＋ カレー

チーズソース (P.58) の上に、カレー粉 10g をふりかける。

梅だれ ＋ おろし

大根おろしをのせ、梅だれ (P.59)
をかけ、白ごまを散らす。

塩だれ ＋ マヨ

塩だれ (P.59) の上にマヨネーズを
かけ、小ねぎを散らす。

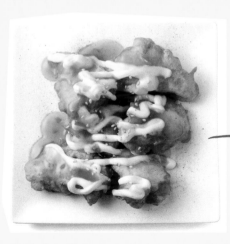

梅だれ ＋ マヨ

梅だれ (P.59) の上にマヨネーズを
かけ、白ごまを散らす。

口の中をリセットさせる

添え物コレクション

揚げ物を食べ続けると、違った味や食感が欲しくなる。栄養バランスを整えるためにも、野菜をつけ合わせたい。

キャベツ

定番は千切り。食感よく、胃腸を整える作用もある。酢キャベツ、コールスローなどを添えても OK。

レタス

ちぎって添えるだけなので簡単。サニーレタス、グリーンリーフ、サラダ菜など、お好みで。

大根

おろしがおすすめ。からあげにのせてポン酢をかけると、また違った味わいになる。

トマト

甘酸っぱさで口の中がさわやかに。マリネにしてより酸味を強めてもよい。ミニトマトを添えるだけでも OK。

クレソン

さわやかな香りとピリッとした辛味がからあげに好相性。生食がおすすめで、添えるだけで彩りが増し、食卓が華やかに。

玉ねぎ ＋ スプラウト

薄くスライスした玉ねぎとスプラウトを混ぜ合わせて添えるだけ。さっぱりした辛味がからあげのコクを引き立てる。

アルファルファ

さっと洗うだけなので手軽。シャキシャキとみずみずしい食感で、からあげと交互に食べると口の中がさっぱり！

パクチー

独特の香りが食欲を促す。チリソースをかけてパクチーをのせるだけで、簡単エスニック料理に！

> **味の幅を広げる組み合わせ食材**
>
> ねぎ類や大葉といった薬味も鉄板の添え物。また、フライドポテトやポテトサラダなど、いも料理との相性もよい。ハーブやスパイス、チーズ系のディップソースを添えるアレンジも◎。

油っこさを解消する

柑橘系をしぼって さわやかに

添えるだけで彩りがよくなり、
見た目がグレードアップ。
肉のうま味を引き立てる
柑橘系それぞれの特徴を紹介。

レモン

からあげのみならず、揚げ物
や焼き魚などにしぼる王道の
柑橘類。強い酸味が特徴で、
さわやかさが増す。イタリアで
はあらゆる料理に使い、日本
のしょうゆ的な扱い。肉の風
味をストレートに味わいたい人
は少量にするとよい。

カボス

酸味が弱めで上品な香りが
特徴。塩やしょうゆを減らし、
調味料の一部として扱うのも
よい。

すだち

酸味が強めで清々しい香りな
ので少量でOK。水分が少な
くすむので、からあげのカリカ
リ食感もキープ。

ゆず

酸味の中にも甘味があり、上品にまとまる。果汁をしぼっても、皮を刻んで散らしても和風仕立てに。

オレンジ・みかん

ほどよい酸味で、甘味があるため、まろやかな仕上がりになる。酸っぱいのが苦手な人におすすめ。

シークワーサー

青いうちは酸味が強く、完熟するとマイルドな酸味に。直接しぼるほか、果汁を入れたお酒をお供にしても合う。

ライム

香り、酸味ともマイルドなので、からあげの存在感を打ち消すことがない。ちょい足しにはおすすめ。

！ スマイルカットがおすすめ！

切り口が薄皮に覆われてしぼりにくいことがある。放射線状（斜め）に包丁を入れることで薄皮が断ち切られ、果汁をあますことなくしぼれる。見た目も美しい。

④ ②
①
③

白血病を克服し、もっとバリバリ働きたい

東京・池袋にある「天下鳥ます」（池袋東口店）。イートインでの営業のほか、テイクアウト専門店も人気を博している。

　自分が白血病になるなんて想像すらしていなかった。25歳で起業し、からあげがブームになる前から、「からあげ」で天下を取ろうと日々奮闘していた。経営は順風満帆ではなかったが、メディアにも取り上げられ、ファンも増えていた。そんな最中、35歳のとき、白血病と診断されたのである。ドナーが見つかり、医師の献身的な治療もあって危険な状態は免れたが、そこから後遺症との戦いが始まった。

　歩くことができず、目も見えない。そんな状態でからあげを作るどころか、経営者としての仕事も難しい。一念発起して開発したからあげを失ってしまう。そんな暗闇の中、私を助けてくれたのはスタッフだった。私の病気を知り、かつての仲間が戻ってきてくれたのである。うちのからあげは、さまざまなトッピングを楽しめるのが特徴だ。どのトッピングもスタッフや業者と研究しながら作り上げたもの。からあげの飲食業界は競争が激化しているが、勝ち残るだけの価値がうちにはある。まだまだできることはあるはず。

　正直、先は見えない。それでも私は「からあげ」で天下を取ることを諦められない。新店舗の計画、営業形態の模索、新メニューの開発、私がするべきことはたくさんあるのだ。

アレンジ自在 からあげの 一品料理レシピ

ちょっと手間ひまかけて、食卓を豪華に演出するアイデアおかずを紹介。部位の個性が調理によって格別の味わいに様変わりする。

・材料の基本分量はおよそ2人分。
・からあげの作り方は、P.12〜23を参照。

酸味の効いた
さっぱり仕立てで
ごはんとの相性もいい！

もも肉と野菜の黒酢あん

［材料］

からあげ もも肉 ⋯⋯⋯⋯⋯ 8 個

料理
なす ⋯⋯⋯⋯⋯ 2 本
ピーマン ⋯⋯⋯⋯⋯ 1 個
にんじん ⋯⋯⋯⋯⋯ 1/3 本
玉ねぎ ⋯⋯⋯⋯⋯ 中 1/4 個
しょうが ⋯⋯⋯⋯⋯ 1 片
A｜ 黒酢 ⋯⋯⋯⋯⋯ 大さじ 3
　　 しょうゆ ⋯⋯⋯⋯⋯ 大さじ 2
　　 酒 ⋯⋯⋯⋯⋯ 大さじ 2
　　 水 ⋯⋯⋯⋯⋯ 大さじ 2
　　 砂糖 ⋯⋯⋯⋯⋯ 大さじ 1
　　 鶏ガラスープの素 (顆粒)
　　 ⋯⋯⋯⋯⋯ 小さじ 1
　　 こしょう ⋯⋯⋯⋯⋯ 少々
　　 片栗粉 ⋯⋯⋯⋯⋯ 小さじ 2
サラダ油 ⋯⋯⋯⋯⋯ 大さじ 3

［作り方］

1、 ボウルに A を入れて混ぜ合わせておく。なす、ピーマン、にんじん、玉ねぎは 2～3cm の乱切り、しょうがは千切りにする。

2、 フライパンにサラダ油、にんじんを入れて熱し、なす、ピーマン、玉ねぎを入れて中火で揚げ焼きにする。

3、 火を止めて余分な油をキッチンペーパーで吸い取り、しょうがを加えて中火にかける。香りが出たらからあげを入れ、1 の A を加える。混ぜ合わせてとろみが出たら火を止める。

作り置きしたからあげの下準備をする (以降のレシピも同様)。クッキングシートにからあげを並べ、電子レンジで 30 秒温めたのち (左)、オーブントースターで 2 分ほど焼くと (右)、衣の食感がよくなる。

[材料]

からあげ むね肉 ………………… 8 個

料理 大根 ………………… 200g
（すりおろして水けを切り 100g にする）
玉ねぎ ………………… 中 1/2 個
めんつゆ (希釈したもの)
………………… 240mℓ
小ねぎ ………………… 1 本

[作り方]

1、 大根は皮をむいてすりおろし、水けを切る。玉ねぎは薄切り、小ねぎは小口切りにする。

2、 鍋にめんつゆ、玉ねぎを入れて中火にかけ、玉ねぎがしんなりしたら大根の半分を加えて温める。

3、 器にからあげを盛って**2**をかけ、残りの大根をのせ、小ねぎを散らす。

むね肉の
みぞれおろし

もも肉の油淋鶏（ユーリンチー）

[材料]

からあげ　もも肉（丸揚げ）……… 300g
→ P.12 〜 23 を参考に丸揚げする。

料理　長ねぎ……………………… 1/2 本
　　　　しょうが……………………… 1/2 片
　　　　A｜しょうゆ……………… 大さじ 2
　　　　　｜酢…………………… 大さじ 2
　　　　　｜みりん……………… 大さじ 1
　　　　　｜ごま油………………… 大さじ 1
　　　　　｜砂糖…………………… 小さじ 2
　　　　　｜いりごま（白）……… 小さじ 2
　　　　サニーレタス……………… 1 枚

[作り方]

1、長ねぎ、しょうがはみじん切りにする。

2、A をボウル（耐熱性）に入れ、電子レンジで 30 秒温め、**1** を加えて混ぜる。

3、からあげを食べやすい大きさに切って器に盛り、**2** をかける。ちぎったサニーレタスを添える。

※レシピはもも肉を丸揚げしたからあげを使用しているが、約 30g のからあげを 8 個使用してもよい。

定番レバにらの
からあげバージョン。
ふんわり卵が絶妙♪

74

レバーのにら玉

[材料]

からあげ

レバー		100g

（ひとくち大に切り分けて
からあげにしたもの）

料理

卵	2個
にら	1束（100g）
塩	少々
こしょう	少々
しょうゆ	小さじ1
A　マヨネーズ	大さじ1
鶏ガラスープの素（顆粒）	小さじ1/2
サラダ油	小さじ1
ごま油	小さじ2

[作り方]

1、 ボウルに卵を割り入れてときほぐし、Aを加えて混ぜる。にらは4cm長さに切る。

2、 フライパンにサラダ油を強火で熱し、卵を割り入れ半熟状になったら、いったん取り出す。

3、 2のフライパンにごま油を中火で熱し、からあげ、にらを入れ、塩、こしょうをふってさっと炒め合わせる。2の卵を戻し、しょうゆを加えてひと混ぜしたら、火を止める。

卵は半熟の状態でいったん取り出し、最後に加えることで、とろりとした状態を保てる。

鶏皮と
春巻きの皮の
北京ダック風

[材料]

からあげ 鶏皮 ⋯⋯⋯⋯⋯⋯⋯ 80g
（ひとくち大に切り分けて
からあげにしたもの）

料理 春巻きの皮 ⋯⋯⋯⋯⋯ 2 枚
長ねぎ ⋯⋯⋯⋯⋯⋯ 1/2 本
きゅうり ⋯⋯⋯⋯⋯ 1 本
パクチー ⋯⋯⋯⋯⋯ 適量
A 甜麺醤 ⋯⋯⋯⋯⋯ 大さじ 1
しょうゆ ⋯⋯⋯⋯ 小さじ 1
にんにくおろし ⋯ 小さじ 1/4

[作り方]

1、 春巻きの皮は 4 等分（正方形）に切る。
長ねぎ、きゅうりは千切り、パクチーは 2
cm のざく切りにする。A をボウルに入れ
て混ぜ合わせる。

2、 春巻きの皮に、きゅうり、長ねぎ、から
あげ、パクチーをのせて巻き、からあげ
に混ぜ合わせた A をかける。

砂肝のねぎまみれナムル

[材料]

からあげ 砂肝 ················· 100g
（ひとくち大に切り分けて
からあげにしたもの）

料理 長ねぎ ················· 1/2 本
小ねぎ ················· 1 本
A｜ ごま油 ················· 大さじ 2
　　塩 ················· 少々
　　粗挽き黒こしょう
　　················· 小さじ 1/2
　　鶏ガラスープの素（顆粒）
　　················· 小さじ 1/2
　　にんにくおろし ·· 小さじ 1/2
レモン汁 ················· 小さじ 1

[作り方]

1、ボウルに A を混ぜ合わせ、小口切りにし
た長ねぎと小ねぎを加えてあえ、からあ
げを加えてからめる。

2、器に盛り、レモン汁をかける。

からあげは
もも肉でもOK！
お酒のおつまみにも最適

むね肉のトマトチーズ焼き

[材料]

からあげ むね肉 ……………………… 4 個

料理 トマト ……………………… 中 1 個
ほうれん草
……………………… 1/2 束(100g)
にんにく ……………………… 1 片
ミックスチーズ（ピザ用）
……………………… 25g
塩 ……………………………… 少々
こしょう ……………………… 少々
オリーブオイル ……… 大さじ 1

[作り方]

1、 トマトは 2〜3cm 角、ほうれん草は 3cm 長さに切る。にんにくはみじん切りにする。からあげは半分に切る。

2、 フライパンにオリーブオイル、にんにくを入れて中火にかけ、香りが出たらほうれん草、トマトを加え、塩、こしょうをふって炒める。

3、 ほうれん草がしんなりしたらからあげを加えてさっとひと混ぜする。チーズをのせてフタをし、弱火にしてチーズがとけたら器に盛る。

ほうれん草がしんなりした状態。加熱しすぎると食感が悪くなるので注意。

さきみの梅肉マヨあえ

[材料]

からあげ ささみ ……………… 2 本

料理 梅肉 ……………… 20g
マヨネーズ ……………… 大さじ 2
青しそ ……………… 3 枚

[作り方]

1、たたいてペースト状にした梅肉をボウル
に入れてマヨネーズと混ぜ合わせる。

2、からあげを斜め薄切りにし、**1**と軽くあえ
る。器に盛り、千切りにした青しそをの
せる。

さ さ み の サ ラ ダ 仕 立 て

[材料]

からあげ ささみ ⋯⋯⋯⋯⋯⋯⋯⋯ 2 本

料理
トマト ⋯⋯⋯⋯⋯⋯⋯ 中 1/2 個
玉ねぎ ⋯⋯⋯⋯⋯⋯⋯ 中 1/8 個
サニーレタス ⋯⋯⋯⋯ 2 枚
ゆで卵 ⋯⋯⋯⋯⋯⋯⋯⋯ 1 個
オリーブオイル ⋯⋯⋯ 適量
塩 ⋯⋯⋯⋯⋯⋯⋯⋯⋯⋯⋯ 適量
A｜ヨーグルト（無糖）、
　　トマトケチャップ 各大さじ 1
　　マヨネーズ ⋯⋯⋯ 大さじ 2
パクチー ⋯⋯⋯⋯⋯⋯⋯ 1 〜 2 本

[作り方]

1、 トマト、玉ねぎ、ゆで卵は薄くスライスし、玉ねぎは冷水にさらす。サニーレタスは洗って水けを切る。

2、 1 を器に盛り、オリーブオイルをまわしかけ、塩をふる。中央にからあげをのせ、混ぜ合わせた A をからあげにかける。洗って水けを切ったパクチーをのせる。

ピリ辛濃厚だれがからみ
ごはんにもお酒にも
好相性

鶏手羽の韓国風仕立て

[材料]

からあげ 手羽先 ──────── 6 本
※手羽元に変更してもよい。

料理 A｜ コチュジャン ────── 大さじ 1
　　　　豆板醬 ───────── 小さじ 1
　　　　トマトケチャップ
　　　　 ───────── 小さじ 1
　　　　にんにくおろし ── 小さじ 1/2
　　　　こしょう ──────── 少々
　　　　ごま油 ───────── 小さじ 1
　　　パクチー ────────── 1 本

[作り方]

1、フライパンに A を入れて混ぜ合わせる。
　弱火にかけてからあげを入れ、A をから
　めるように温める。

2、1 を器に盛り、ざく切りにしたパクチーを
　添える。

からあげの代わりに、塩、
こしょうをふり、片栗粉を
少量つけた手羽先を少量
の油で揚げ焼きにしたもの
を使ってもよい。塩、こしょ
うのみの素揚げも OK。

盛りつけアイデア

パリッとジューシーな
手羽元と手羽先のチューリップ。
ちょっとした下ごしらえで
見た目がグンと華やかに!

（　チューリップ　）

見た目からわくわく!
お祝い料理としても◎

右ページの作り方を参考に肉の下処
理ができたら、P.14〜23を参照して
同じようにからあげを作る。

手羽元

お肉ぷっくり！

1、

関節部分にキッチンバサミ（また包丁）で切り込みを入れる。

2、

一周切り込みを入れた状態。

3、

片方の手で骨を持ち、もう片方の手で肉を先端側に引っ張って形を整える。

手羽先

皮パリパリ！

1、

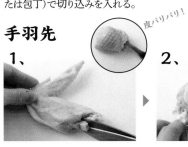

2本の骨の間にキッチンバサミで切り込みを入れる。

2、

関節の2〜3mm上（内側）に切り込みを入れる。

3、

2の切れ目から骨を突き出すように、骨を外側に折り曲げる。

4、

肉を下側にし、指で肉を骨からはがすようにおろす。

5、

肉をしっかり持ち、細い骨を回転させて取り除く。

6、

関節部分を切り落とす。

（　オードブル風　）

カナッペ風で
休日ランチや
おつまみに！

[**材料**] （作りやすい分量）

からあげ (30g) ───── 5 個
バゲット ───────── 5cm
ルッコラ ───────── 適量
クリームチーズ ───── 30g
マヨネーズ ──────── 10g

前菜やおつまみに最適な一品。1cm 幅に切ったバ
ゲットに、ちぎったルッコラ、クリームチーズとマヨ
ネーズを混ぜ合わせたソースをのせるだけ。カラフ
ルなスティックをさせば、見た目も華やかに。

（　食べやすい形状に　）

もも肉やむね肉を細長く切って
揚げたスティックからあげ。割
り箸をさしてカラフルなストロー
をかぶせればパーティ仕様に。
食べやすく、ディップソースもつ
けやすい。

もも肉、むね肉、
ささみが
スナック感覚で
食べられる！

（　てんこ盛りディップ　）

迫力満点の大皿てんこ盛り！
そのまま食べてもよし、柑橘類
やディップソースを合わせても
よし。味の変化を自由に楽しめ
るのも、からあげの醍醐味。

好きな量を
好きなように食す！

"むね肉からあげ"は少年期の思い出の味

大学進学を機に上京して以来、東京でいろいろなからあげを食べてきた。どれもおいしいのだが、なぜかしっくりこない。不満でも違和感でもなく、私自身が何かを忘れているような、そんな気がしていた。

上京から20年以上経ったある日、新小岩の「鳥丸」というお店でからあげ定食を食べた。もも肉とむね肉の合盛り定食だ。むね肉からあげをひとくち食べた瞬間、故郷の大分県・中津での記憶が一気によみがえる。小学生のとき、家族でサイクリングに出かけた際、途中の精肉店で母がからあげを買った。それがむね肉からあげだったと、このとき気

「鳥丸」のからあげ。オーナーは中津の名店で修業され、つけだれも中津から取り寄せたものだという。

づいた。晴天のもとで父、母、兄と一緒に食べたからあげ。ほっくりやさしい味だった。暖かな日差しに照らされて、肉の断面ににじむ肉汁がキラキラ輝いていたのを覚えている。

"からあげの聖地"と呼ばれる中津では古くから、もも肉はもちろん、むね肉や手羽元、砂ずり（砂肝）、骨つきもも肉のからあげが日常的に食べられている。むね肉はかたくて淡白だといわれるが、手間ひまをかけて調理すれば、おいしいからあげになるのだ。これを東京で味わえるとは思わなかった。最近は首都圏でむね肉からあげを提供する店が増えており、うれしいかぎりである。

米・パン・麺と からあげの コラボレシピ

・からあげの作り方は、P. 12〜23参照。

メインおかずとしてのからあげを
具材として活用。米・パン・麺と
のコラボでボリュームも満点。残っ
たからあげを有効活用できる。

手羽元の
トマトカレー

チーズをまとったからあげと
トマトの酸味が好相性

[**材料**](2人分)

からあげ 手羽元 ························· 4本

料理 カレールウ (市販)

·················· 2皿分 (約40g)

ミックスチーズ (ピザ用)

····························· 40g

A | トマト缶 (カット)

····················· 150g

牛乳 ························· 100mℓ

水 ·························· 100mℓ

B | バター ······················ 10g

ヨーグルト (無糖)

····················· 100g

おろししょうが ··· 小さじ1

ごはん ························· 400g

[**作り方**]

1、 鍋にAを入れて混ぜ合わせ、中火にかけて沸騰したら火を止める。カレールウを入れて溶かし、Bを加えて温める。

2、 フライパンを中火で熱し、チーズを4等分にして丸く広げる。温まったらからあげをのせ、チーズが溶けたら火を止める。

3、 器にごはんを盛り、**1**をかけ、**2**をのせる。

チーズが溶けてからあげにくっつくまで焼く。これだけを食べてもおいしい。

もも肉の ガーリック チャーハン

[材料](2人分)

からあげ もも肉 ………………… 4個

料理
にんにく ………………… 1片
小ねぎ ………………… 2本
バター ………………… 15g
しょうゆ ………………… 小さじ2
塩 ………………… 少々
粗挽き黒こしょう
………………… 少々
酒 ………………… 大さじ2
サラダ油 ………………… 大さじ1
ごはん ………………… 400g

[作り方]

1、からあげは1cm角、にんにくはみじん切り、小ねぎは小口切りにする。

2、フライパンにサラダ油、にんにくを入れ、中火にかけてサラダ油が熱くなったらごはんを加え、酒をふり、ヘラでほぐしながら炒める。

3、ごはんがパラパラになったら、バターを加えてサッと炒め合わせ、からあげを入れる。鍋肌からしょうゆを入れ、小ねぎを加えてひと混ぜし、塩、こしょうで味を調える。

[**材料**](2 人分)

からあげ むね肉 ―――――― 6 個

料理 玉ねぎ ―――――― 中 1/4 個
卵 ―――――――――― 2 個
めんつゆ (希釈したもの)
―――――― 200㎖
ごはん ――――――― 400g
三つ葉 ――――――― 適量

[**作り方**]

1、からあげはひとくち大に切る。玉ねぎは
薄く切る。

2、鍋にめんつゆ、玉ねぎを入れて中火にか
け、玉ねぎがしんなりしたら、からあげ
を入れて強火にし、沸騰したら溶き卵を
回し入れ、卵が好みのかたさになったら
火を止める。

3、器にごはん、**2**の順に盛り、中央に三つ
葉を飾る。

むね肉の
親子丼

トッピングがアクセントに！
米に肉のうま味を
閉じ込めた2種

むね肉のゆかりチーズおむすび
＆もも肉の焼きおむすび

むね肉のゆかりチーズおむすび

[**材料**](2 個分)

からあげ むね肉 ──────── 2 個

料理
プロセスチーズ ──── 1 個
ゆかりふりかけ ──── 小さじ 1
ごはん ──────── 200g
青しそ ──────── 2 枚

[**作り方**]

1、 からあげ、チーズは 1cm 角に切る。

2、 ボウルにごはんを入れ、**1**、ゆかりを加えてしゃもじで混ぜ合わせる。

3、 2 個にぎり、それぞれ青しそ 1 枚を表面に添える。

もも肉の焼きおむすび

[**材料**](2 個分)

からあげ もも肉 ──────── 2 個

料理
A │ 削り節 ──────── 3g
　│ しょうゆ ────── 小さじ 2
ごはん ──────── 200g

[**作り方**]

1、 からあげは 1cm 角に切る。

2、 ボウルにごはんを入れ、**1**、A を加えてしゃもじで混ぜ合わせ、2 個にぎる。

3、 アルミホイルに**2**をのせ、オーブントースターで表面に香ばしい焼き色がつくまで焼く。焼く前に表面にしょうゆ（分量外）を薄く塗るとより香ばしく仕上がる。

もも肉の
トマトレタスサンド

[**材料**]（1個分）

からあげ　もも肉 ──────── 120g（1枚）
※1枚丸ごとのからあげを使用。

料理　トマト ──────── 中1/2個
　　　　レタス ──────── 2枚
　　　　バター ──────── 適量
　　　　スライスチーズ ──── 1枚
　　　　A｜マヨネーズ ──── 大さじ1/2
　　　　　｜トマトケチャップ
　　　　　　──────── 小さじ1
　　　　食パン（8枚切り）── 2枚

[**作り方**]

1、A は混ぜ合わせておく。バターは室温に戻しておく。トマトは薄くスライスし、レタスは洗ってちぎり、水けを切る。

2、食パンをオーブントースターで好みの加減に焼き、片側にバターをぬる。

3、2、チーズ、レタス、からあげ、トマトの順に重ね、A をかける。もう1枚の食パンでサンドし、半分に切る。お好みでフライドポテトを合わせ、パセリを添える。

[**材料**](2人分)

からあげ もも肉 3個

料理 小ねぎ 2本
　　　 ミックスチーズ（ピザ用）
　　　 .... 40g
　　　 マヨネーズ .... 適量
　　　 A｜しょうゆ 小さじ2
　　　 ｜みりん 小さじ2
　　　 ｜砂糖 小さじ2
　　　 食パン（6枚切り）...... 2枚
　　　 刻みのり .... 適量

[**作り方**]

1、 からあげは薄くスライスし、小ねぎは小
口切りにする。

2、 Aを耐熱皿に入れて電子レンジで50秒
加熱し、からあげにからめる。

3、 食パンにチーズ、**2**の順にのせ、マヨネー
ズを格子状にかける。オーブントースター
に入れ、チーズが溶けて食パンがカリッ
とするまで焼く。

4、 器に盛り、小ねぎ、刻みのりを散らす。

マヨトースト
照り焼き
もも肉の

ささみのトルティーヤ

スティックの形状で
食べやすい！
具材のアレンジも楽しめる

[**材料**](2 個分)

からあげ ささみ ……………… 2 本

料理 アボカド …………………… 1/4 個
トマト …………………… 中 1/4 個
レタス …………………… 2 枚
スライスチーズ ……… 2 枚
トルティーヤ（市販）
…………………… 2 枚
A｜マヨネーズ ………… 大さじ 1
トマトケチャップ
…………………… 小さじ 2
にんにくおろし（チューブ）
…………………… 小さじ 1
チリパウダー ……… 少々

[**作り方**]

1、A は混ぜ合わせておく。アボカド、トマトは薄くスライスする。レタスは洗って水けを切る。

2、フライパンを中火で熱し、トルティーヤをさっと温める。

3、ワックスペーパー（またはラップ）に**2**、チーズ、レタスを折りたたんで順に重ね、中央にからあげを置いて両サイドにアボカド、トマトをのせて巻く。**1**で混ぜ合わせたソースをつけて食べる。

トルティーヤの両端を内側に折り込んでから巻くときれいに仕上がり、食べやすい。折り込みやすいやわらかさのトルティーヤを使うとよい。

[**材料**]（2枚分）

からあげ もも肉 ………………………… 4個

料理
キャベツ ………………… 150g
紅しょうが ………………… 30g
卵 ………………………………… 1個
サラダ油 ………………………… 適量
薄力粉 ……………………………… 80g

A
水 ………………………… 100mℓ
和風だし（顆粒）
………………………… 2g
山いもおろし …… 80g

B
青のり、マヨネーズ、
削り節 ……………………… 各適量

[**作り方**]

1、 キャベツはざく切りにする。からあげは2〜3cm角に切る。

2、 ボウルにAを入れて軽く混ぜ合わせ、薄力粉を加えてざっくり混ぜる。紅しょうが、**1**を加えてざっくり混ぜ、溶き卵を加えて混ぜる。

3、 フライパン（またはホットプレート）を中火（中温）で熱して油をひき、**2**を円状に流し入れ、厚さを均一に整えて3分ほど焼く。ヘラで上下を返し、フタをして3〜4分蒸し焼きにする。

4、 器に盛り、Bをトッピングする。

もも肉と
キャベツたっぷり
お好み焼き

からあげ塩レモン焼きそば

[材料]（2人分）

からあげ もも肉 ──────── 5個

料理
にら ──────── 1/2束（50g）
レモンスライス ──── 2枚
塩 ──────────── 少々
こしょう ────────── 少々
サラダ油 ─────── 大さじ1
水 ─────────── 大さじ3
A｜鶏ガラスープの素（顆粒）
　　　　　────── 大さじ1
　｜レモン汁 ────── 小さじ2
　｜ごま油 ──────── 大さじ1
焼きそば用中華蒸し麺
　　　　　──────── 2玉

[作り方]

1、 からあげは半分に切る。にらは4cm長さに切る。レモンスライスはいちょう切りにする。Aは混ぜ合わせておく。

2、 フライパンにサラダ油を熱し、からあげを入れて中火でさっと炒め、油がからんだら中華蒸し麺、水を加えてときどき混ぜながら炒める。

3、 麺のところどころに焼き色がついたら、Aを加えて炒め合わせ、にらを加えてひと混ぜする。火を止めて塩、こしょうで味を調え、レモンをのせる。

もも肉のペペロンチーノ

[**材料**](2人分)

からあげ　もも肉 …………… 6 個

料理　　　にんにく ……………… 1 片
　　　　　　唐辛子（輪切り）……… 2 本分
　　　　　　青しそ ………………… 2 枚
　　　　　　塩 ………………………… 少々
　　　　　　オリーブオイル ……… 大さじ 2
　　　　　　スパゲッティ（乾）…… 200g

[**作り方**]

1、 からあげは 1 〜 2cm 角に切る。にんにくは薄くスライスし、青しそは千切りにする。

2、 鍋にたっぷりの湯を沸かし、湯に対して約1%の塩（分量外）を入れ、表示時間に従ってスパゲッティをゆでる。ゆで汁をとっておく。

3、 フライパンにオリーブオイル大さじ 1、にんにくを入れ、弱火にかけて焼き色がついたらにんにくを取り出し、火を止めて唐辛子を加える。

4、 再び火をつけ、**3** に **2** のゆで汁 100㎖を少しずつ加えながら混ぜる（乳化させる）。スパゲッティと残りのオリーブオイルを加えてひと混ぜし、からあげ、**3** のにんにくを加えてあえ、塩で味を調える。器に盛り、青しそをのせる。

乳化（スパゲッティのゆで汁と、にんにくと唐辛子を炒めたオリーブオイルを合わせると白濁し、とろみが出る）させると、スパゲッティとからみやすくなる。

部位はむね、ささみ、
砂肝でもOK
ピリ辛＆ガーリックで
風味豊か！

103

もも肉の南蛮つけそば

[**材料**]（2人分）

からあげ もも肉 ………………… 4個

料理 長ねぎ ………………… 1/2本
めんつゆ（希釈したもの）
………………… 600mℓ
サラダ油 ………………… 大さじ1/2
そば（乾） ………………… 160g
三つ葉 ………………… 適量
ゆず（皮） ………………… 適量

[**作り方**]

1、 からあげは半分に切る。長ねぎは4cm
長さに切る。鍋にたっぷりの湯を沸かし、
表示時間に従ってそばをゆで、冷水でし
めて水けを切る。

2、 フライパンにサラダ油を中火で熱し、長
ねぎを入れ、うっすら焼き色がついたら
からあげを入れて軽く炒める。

3、 鍋にめんつゆを入れて強火にかけ、沸騰
したら2を加えてひと煮立ちさせる。器
に盛り、三つ葉、ゆずをのせる。別の器
にそばを盛る。

[**材料**]（6 枚分）

からあげ もも肉 .... 6 個

料理 ミックスチーズ（ピザ用）
.... 60g
青ねぎ .... **適量**
A｜トマトケチャップ
.... 大さじ 2
にんにくおろし ... 小さじ 1/3
オリーブ油 .... 大さじ 1
タイム（ドライ）... 小さじ 1/3
※バジルやオレガノでも可

餃子の皮（大判）........ 6 枚

[**作り方**]

1、A は混ぜ合わせておく。からあげは薄くスライスする。青ねぎは小口切りにする。

2、餃子の皮に A を薄くぬり、チーズ、からあげの順にのせる。

3、オーブントースターに 2 を入れ、チーズが溶けて餃子の皮の周囲に薄く焼き色がつくまで焼き、青ねぎを散らす。

もも肉と
餃子の皮の
ミニピザ

揚げない からあげレシピ

揚げ物は油の処理などもあり、作るのが面倒と感じることも。そんなとき、調理器具を使って新感覚のからあげを試してみては?

活用する調理器具

からあげといえば、カリッとした食感が魅力。それを揚げ鍋以外で再現するのは難しく、べちゃっとした仕上がりになってしまう。それでも、「小ぶりにする」「下味をつけない(水分を減らす)」といった工夫で、からあげ風にすることは可能。むしろ、油で揚げたからあげとは違った味や食感は新感覚で、たまには献立に登場させてみるのもいいかもしれない。少量を作りたいときにおすすめ。

電子レンジ

オーブントースター

魚焼きグリル

フライパン

電子レンジで作る超時短からあげ

[ポイント]

◎ 小さめにカット（1個30g）

◎ 水分量を減らすため、下味をつけない

◎ 市販のからあげ粉で味つけ

◎ 1個1個がくっつかないように置く

◎ クッキングシートで油汚れを防ぐ

◎ むね肉などパサつきやすい部位は避ける

[材料] ※ P.107〜109 共通

もも肉 ———————— 180g

からあげ粉 ———————— 適量

サラダ油 ———————— 大さじ2

[作り方]

1、

1個30gに切った肉に、からあげ粉をしっかりまぶす。

2、

クッキングシートを丸めてくしゃくしゃにし、耐熱皿に敷いて、1を間隔をあけて並べる。

3、

サラダ油を表面にかけ、ラップなしで2分、ひっくり返して2分加熱する。

※機種によって加熱具合が変わるので、加熱時間は確認しながら調整する。

オーブントースター or
魚焼きグリルで焼くからあげ

オーブントースター

アルミホイルを丸めてくしゃくしゃにしたものを天板に敷き、衣をつけた肉を並べてサラダ油を少しかける。高温
(220℃)に予熱して7〜8分、焦げないようにときどき上下をひっくり返しながら焼く。

魚焼きグリル

アルミ型か、アルミホイルで囲いを作り、底面を薄く覆う程度のサラダ油を入れて型ごと予熱する。衣をつけた
肉を並べ、弱めの中火で、7〜8分、焦げないように1、2度上下をひっくり返して焼く。

[ポイント]　◎ 小さめにカット (1個 30g)

◎ しょうがやにんにくは、チューブタイプ (生より水分量が少ない) がおすすめ

※材料は P.107と同様 (サラダ油の分量は別)。

※機種によって加熱具合が変わるので、加熱時間は確認しながら調整する。オーブントースターは油が多いと発火の危険があるので注意。

揚げ焼きのからあげ

[ポイント]

◎ 小さめにカット（1個30g、皮はひとくち
　大、手羽はそのままでよい）

◎ 使用後の油はほかの料理に利用しても
　よい

◎ むね肉、ささみ、皮は火の通りが早い
　ので、もも肉より揚げ焼き時間を短く調
　整する

◎ 手羽は衣をつけずに、そのまま揚げ焼
　きしてもよい

※材料は P.107 と同様（サラダ油の分量は別）。

[作り方]

1、

フライパンにサラダ油
を1cmくらい入れて強
火で熱し、衣をつけた
肉を並べて1分半焼く。

2、

ひっくり返して中火に
し、1分半焼く。

3、

バットに取り出し、ア
ルミホイルをかぶせる。
3分おいて余熱で火を
通す。

4、

フライパンに戻し、強
火で全体がこんがりす
るまで焼く。

とことんこだわりたい人に！

自家製からあげ粉

衣自体にパンチを効かせたいときはオリジナルのからあげ粉がおすすめ。市販のからあげ粉と違って、好みの配合で、必要な分だけを作れるところが魅力。自家製からあげ粉をふる前に、肉に酒をふってもみ込んでおくと、やわらかく仕上がる。

[**材料**] ※肉150gに対しての分量。

コーンミール	小さじ2
コンソメ顆粒	小さじ1
ガーリックパウダー	小さじ1/2
コーンスターチ	小さじ1
こしょう	少々
チリパウダー	少々

[**作り方**]

ボウルにすべての材料を入れて混ぜる。

[**ポイント**]

◎ スパイスの種類を変えたり、
　量を調整したりして、その時々で
　カスタマイズできる

◎ からあげを作る分だけの量にできるので、
　使い切れる

◎ 保存性の高い食材を使用しているので、
　長期保存も可能

日本、世界で躍動する
からあげの
愛情マップ

店の個性あふれるからあげをラインナップ。弁当、ユニークな組み合わせ、世界で人気のからあげなど、鶏肉に愛情を込めた品々を紹介する。

・店舗や商品の内容は 2021 年 2 月現在の情報。

現地で愛されている

からあげ弁当

ド定番のからあげ弁当も
各店舗の個性がさまざま。
味つけ、ボリュームなど
リピート必至の人気弁当を紹介。

フタが閉まらない
デカ盛りからあげ

福島県／金星
「金星弁当」

1個80〜100gと、からあげの大きさは通常の2〜3倍の「金星弁当」。並でもからあげが4個入っており、350gのごはんがどんどん進むおいしさ。福島県郡山市の老舗醸造店のしょうゆを使用したたれにひと晩つけ込み、衣にはオリジナルの揚げ粉を使用。二度揚げで、外はカリッと中はジューシー。

からあげ専門店 金星 山崎本店　福島県郡山市山崎 403-6
https://karaage-kinboshi.com/

埼玉県／キッチン BUS STOP
「"マイクロバス" 盛り」

からあげの量をバスの大きさに
見立てた、遊び心満載の弁当

大ぶりなからあげが入ったデカ盛り弁当のため、塩分量に配慮し、下味はしょうゆ、酒、みりん、にんにく、しょうが、中華だしをバランスよく配合。そこに鶏肉を1日つけて、ブレンドした衣をまぶして揚げる。からあげの量でマイクロバス、小型バス、中型バス、大型バス、二階建てバスの5段階ある。

キッチン BUS STOP　埼玉県三郷市幸房 506-3
https://twitter.com/KITCHEN_BUSSTOP

研究を重ねた下味が
独特の香りを生み出す

東京都／できたて専門店チッキンラボ
「からあげ弁当（もも2個＋むね3個）」

揚げたてはもも肉とむね肉の区別ができないほどやわらかくジューシー。2年かけて開発したしょうゆベースの秘伝のつけだれは、にんにく、しょうがのほか、数種類のスパイスをブレンド。粒の大きい千葉県産・ふさこがねを使用したごはんとの相性もよく、満足感のある弁当に仕上がっている。

できたて専門店チッキンラボ
東京都豊島区北大塚 3-32-20
https:// チッキンラボ .com

愛知県／暴れん坊チキン
「からあげ弁当」

八丁みそやバジル、甘だれ、ゆずこしょうなど15種類のフレーバーを選べる。真空調理によって、鶏肉に下味がしっかりとしみ込んでいる。にんにくやしょうがのほか、化学調味料も不使用の安全・安心なからあげ。老若男女問わず幅広く支持されており、客層の約7割は女性だという。

暴れん坊チキン　愛知県岡崎市康生通東 2-7
http://abarenbouchicken.com/

こだわりの衣や揚げ方で
冷めてもやわらかい！

和歌山県／まんぷく亭
「からあげ弁当」

店のオリジナル商品として市販もされているつけ込みだれが、肉にも衣にもしっかりしみ込んだからあげ。弁当には1人前300g以上も入っているが、にんにくのくどさはなく、上品なあと味。肉の切り方、衣のつけ方、温度調節などに工夫を凝らしているので、冷めてもやわらかいのが特徴。

まんぷく亭　和歌山県岩出市吉田 242-15
https://karaagemanpuku.com/

選べるフレーバーが
豊富で
女性人気の高い
からあげ

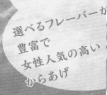

113

こんな食べ方があったのか!?

からあげ×意外な食材

からあげのポテンシャルは底知れない。
甘味物、丼物、鍋など、
一風変わった料理にやみつきになる人多数。

あん&クリーム

からあげ×小倉あん×生クリーム
元祖小倉クリームから揚げ

常連客のアイデアがヒントになって生まれた
一品。たっぷりの小倉あんとホイップクリー
ムはからあげとの相性が抜群。ごま団子の
ような独特の味わいで、ひんやりしたアイス
いちごの酸味と甘じょっぱい味がクセになり
そうな新感覚のからあげ。若い世代に人気
で名古屋の新名物に。

から揚げ専門店 まる芳
愛知県名古屋市中区大須 3-20-14
http://maruyoshi-karaage.com/

からあげ×湯葉
長州鶏湯葉唐揚げ

使用する肉は5種類のハーブをブレンドした
飼料と、ストレスを受けにくい「平飼い」で
のびのびと育てられた長州鶏。脂肪分の少
ないむね肉を使い、衣には湯葉チップを加
えてヘルシーなからあげに仕上げている。上
品な味わいで、40 ～ 60 歳代の女性を中心
にファンも多い。

梅の花 博多大丸店
福岡県福岡市中央区天神 1-4-1 博多大丸エルガーラ BF2
https://www.umenohana.co.jp/

湯葉

鍋

からあげ×昆布だし×みぞれ鍋
唐揚げみぞれ鍋

４年かけて開発したからあげ専用の鶏肉は、くさみがなく、さわやかな味わい。肉にはローズマリーエキスをもみ込み、伊豆大島の深層海塩でコーティングしてうま味を閉じ込めている。スープに浸しても崩れにくい衣と、昆布だしのスープを吸ったみぞれ（大根おろし）の一体感は絶妙。

AkiTaka
東京都練馬区豊玉北 5-17-21 レヴァンテⅢ-2F
https://r.gnavi.co.jp/gamu200/

からあげ×鶏スープ
ぶっかけ丼

焼き鳥のたれをかけたごはんにからあげ、野沢菜、肉みそ、のりをのせる。そこにアツアツの鶏スープをかけ、よくかき混ぜて食べるもので「からあげ版ひつまぶし」ともいえる。わさびや七味唐辛子を加えれば、ひと味違ったおいしさに。場所柄、界隈のビジネスマンに大人気の一品。

から揚げ専門店 くにちゃんずキッチン
東京都中央区新川 2-1-1 ブルーラインビルディング1F
https://www.kunichanzu.com/

ひつまぶし

ラーメン

からあげ×ラーメン
あんかけ DX メガ唐付き

大人の手のひらほどもあるジャンボからあげを豪快にのせたラーメン。パリッとした衣と、かんだ瞬間に肉汁があふれるジューシーさが特徴だ。モッチリとコシのある中太麺ストレートと、濃厚だがあっさりした辛さが特徴のスープとのバランスもよく、最後まで飽きずに食べられる。

旨辛ラーメン表裏
東京都千代田区九段南 4-7-19 くじらビル 1F
www.umakara-hyouri.com/

万国共通のソウルフード

世界のからあげ

鶏肉と揚げ物を好む国は多い。
日本とは違う下味の材料、作り方で揚がった
一品は、さらにからあげ愛を大きくしてくれる。

アメリカ

フライドチキン

下味をつけた小麦粉を鶏肉にまぶして揚げた、アメリカ発祥の料理で、からあげの兄弟的な存在。ニューヨーク発祥の人気レストラン「egg 東京」では、きめ細かくやわらかい肉質の「ふもと赤鶏」にハーブ入りの塩水でしっかり味つけしたものを提供。二度揚げにより皮がパリッと香ばしい。

egg 東京
東京都豊島区東池袋 1-18-1 Hareza Tower 1F
https://www.eggrestaurant.tokyo/

イタリア

ポッロフリット

ポッロフリットは、イタリア語で鶏のからあげを意味し、現地ではトマトソースやレモン汁などの味つけ。日本では「Daniel's Sole」（ダニエルズソーレ）で食べられる。イタリア・エミリアロマーニャ州のポッロフリットをベースに、肉をハーブで香りづけし、アンチョビで肉のうま味を引き立てる。

Daniel's Sole（ダニエルズソーレ）
京都府京都市中京区高倉通錦小路上ル貝屋町 567
https://daniels.jp/restaurant/sole.php

韓国

ヤンニョムチキン

韓国発祥の医食同源思想に基づいた、甘辛いソース・ヤンニョム（薬念）で味つけされた韓国のからあげ。日本でも提供している店が多く、「bb.q OLIVE CHICKEN café」では、エキストラバージンオリーブオイルをブレンドした油で風味を加え、甘辛ソースがからんだザクザク食感が特徴。

bb.q OLIVE CHICKEN café 笹塚店
東京都渋谷区 笹塚 1-56-18 京王クラウン街1F
https://bbq-olivechickencafe-sasazuka.com/

台湾

ジーパイ
鶏排

ウーシャンフェン
五香粉など多種多様なスパイスを使った台湾のからあげ。一般的にはむね肉を使うが「KAPI TAPI」ではもも肉を使用。本場・台湾から直輸入した調味料を使用し、からあげ粉にもこだわっている。サクッとした衣とジューシーなもも肉の食感が絶妙なバランスで、食欲をかき立てる。

台湾鶏排とタピオカミルクティーの店 KAPI TAPI
東京都渋谷区道玄坂 2-16-1
https://www.instagram.com/kapi.tapi/

パコラ

インド

パコラは野菜や鶏肉に、ひよこ豆の粉（ベサン）を水溶きした衣にくぐらせて揚げたインド料理で、日本でもインド料理店で出合える。「ラクシュミー」では鶏肉は使用していないが、ナス、玉ねぎ、じゃがいもを具材にし、自家製フレッシュミントで作ったミートソースやスイートチリをディップして食べる。

インドネパール隠れ家ダイニング ラクシュミー
東京都品川区上大崎 2-27-1 サンフェリスタ目黒 2F
https://tabelog.com/tokyo/A1316/A131601/13019575/

津々浦々の逸品を求めて

日本のからあげ散歩

地域によってからあげ文化はさまざま。
ときには、からあげが町おこしに貢献することも!?
全国のからあげ巡りをしてみよう。

❶ 北海道／半身揚げ

❷ 青森県／オリジナル

新潟県／半身揚げ

長野県／山賊焼き

岐阜県／黒からあげ

大阪府／阿波乙女鶏の唐揚

広島県／コメカラ

大分県／骨なし・もも

栃木県／佐野黒から揚げ

埼玉県／そうからあげ

東京都／黄金の若鶏もも肉の唐揚げ

愛知県／手羽先唐揚

奈良県／竜田揚げ

大分県／骨なしからあげ

宮崎県／チキン南蛮

❶ 北海道
半身揚げ

素揚げした若鶏の半身は、パリッとした皮の向こうにうま味が凝縮されたジューシーな味わい。1952年の創業以来変わらない、さっぱりとした塩味が特徴で小樽市民のソウルフードにもなっている。約30店を展開する同店の半身揚げは道民の定番外食でもあり、幅広い世代に親しまれている。

若鶏時代なると 本店
北海道小樽市稲穂 3-16-13
http://otaru-naruto.jp/naruto/index.html

❷ 青森県
オリジナル

地元・青森のしょうゆと数種類のスパイスを使った秘伝のたれに、鶏肉を丸一日つけ込みしっかり味つけし、揚げ油の温度を一定に保ち揚げる。これらのていねいな製法により、衣はサクッとし、たれがしみ込んだ肉汁のうま味も強くなる。冷めてもおいしいことからテイクアウトでも人気。

から揚げ専門店こばしょぐ 城東店
青森県弘前市城東中央 2-3-2
https://www.kobashogu.com

❸ 栃木県
佐野黒から揚

ソースの食文化をからあげに生かそうと、地元の男性で構成されるパパプロe街佐野奉行所が開発したもの。ソース味はもちろん、見た目が黒く、カリッとクリスピーな食感で、後味がスパイシーなのが特徴。これに地元の店（29店舗）のオリジナリティが加わり、新名物になっている。

からあげ家なるねこ金井上町
栃木県佐野市金井上町 2265-6

❹ 埼玉県
そうからあげ

名物の草加せんべいを粉末状にして衣にブレンドしている。カリッとした食感の中にモッチリ感もあり、ジューシーな肉とのコントラストを楽しめる。下味はしょうゆベース。もも肉はにんにくを加えてパンチを効かせ、むね肉はたれのみで味つけ。せんべいの効果で冷めても揚げたての食感が健在。

インどり屋 草加総本店　埼玉県草加市中根 3-22-29
https://www.indoriya.com/

❺ 東京都
黄金の若鶏もも肉の唐揚げ
〜カレー塩を添えて〜

蒸したての饅頭のようなフワフワ感が特徴のからあげ。サクッとした食感の衣を歯が突破すると、たっぷりの肉汁とともにうま味が口になだれ込んでくる。特製のカレー塩のスパイシーな香りは食欲を刺激。からあげの断面から溢れ出す肉汁にカレー塩をつけて食べると、マイルドな味わいに変化する。

鶏のチョモランマ　東京都葛飾区亀有 3-8-5
https://tabelog.com/tokyo/A1324/A132403/13159577/

❻
新潟県
半身揚げ

縦半分に割いた骨つきの若鶏に衣をつけて揚げる半身揚げ。新潟市や三条市ではメジャーなからあげで、カレー味が主流。その元祖店「せきとり」では、塩とカレー粉のみで、子どもでも食べられるように辛すぎない味つけ。スパイシーな香りが食欲をそそる。皮はパリパリ、肉はジューシーでやわらかい。

せきとり　新潟県新潟市中央区窪田町 3-199
https://sekitori-shop.com/

❼
長野県
山賊焼き

300g 以上もある、ももの一枚肉を使った骨つきの豪快なからあげ。味つけは秘伝のにんにくしょうゆとスパイス。肉質のやわらかさと、一般のからあげの 10 倍の量を使用したにんにくの風味に定評がある。リピーターが多く、県外や外国からの観光客も訪れる人気店。

元祖山賊　長野県塩尻市大門七番町 10-1
https://gansosanzoku.com/

❽
岐阜県
黒からあげ

ご当地グルメ「関からあげ」は、衣に地元の特産品であるしいたけとひじきを使っている（関産しいたけ 50% 以上使用）。山の幸と海の幸をかけあわせた、見た目にもインパクトある「黒からあげ」だ。第一弾に「黒からあげ」、第二弾として赤パプリカとしいたけを使用した「赤からあげ」を出している。

関からあげ学会 学会事務局 岐阜県関市倉知 516
http://www.seki-kara.com/

❾ 愛知県
手羽先唐揚

名古屋名物・手羽先唐揚の元祖といわれている「風来坊」は、肉のジューシーさを残しつつ、低温と高温の二度揚げによりパリッとした食感を出している。これに熟成だれをしっかり隙間なくぬり、特選塩こしょうとごまの風味が加わって、味が何重層にも感じられる。

元祖手羽先唐揚 鶏料理 風来坊
https://furaibou.com/
※愛知県で40店舗を展開。詳しくはHPを参照。

❿ 大阪府
阿波乙女鶏の唐揚

ニューミュンヘンでは特別飼育鶏「神山鶏」の雌鶏のみを使用しているため、「阿波乙女鶏」というオリジナル名をつけた、むね肉と手羽元を混合した骨つきからあげを提供。かぶりつくと、肉にしみ込んだしょうゆベースの特製だれと、骨からしみ出すうま味のエキスが口の中にジュワッと広がる。

ニューミュンヘン https://newmunchen.co.jp/
※本店は現在改装工事中。

⓫ 奈良県
竜田揚げ

斑鳩町では、多くの店で名物として「竜田揚げ」が提供されている。竜田揚げはしょうゆ、みりん、しょうがにつけ込んだ肉や魚に、片栗粉をまぶして揚げたもの。揚げたあとのしょうゆの赤と衣の白が、名所・竜田川にもみじが流れる様子に似ていることから、この名前がついたといわれている。

竜田揚げで斑鳩を盛り上げたい!日本竜田揚げ協会
奈良県生駒郡斑鳩町龍田南1-3-49(斑鳩商工会内)
※(同)日本竜田揚げ協会は、イベントでのみ斑鳩名物「竜田揚げ」を提供している。

⓬ 広島県
コメカラ

コメカラは、東広島市の特産品である西条酒と米粉を使用したご当地からあげ。肉などの具材を酒につけ込み、米粉をまぶして揚げる。酒につけ込むことで具材はやわらかくなり、米粉を衣にすることで冷めてもカリッとした食感が持続する。酒のうま味と風味が肉の味わいに深みを与えている。

東広島商工会議所 産業振興課
広島県東広島市西条中央7-23-35
http://www.hhcci.or.jp/komekara/komekara.html

13
大分県
骨なし・もも

からあげの聖地、大分県中津市は、たれに肉をつけ込むスタイルが主流で、しょうゆと塩の2系統。「元祖中津からあげ もり山」では、九州産鶏肉にしょうがや契約栽培のにんにく、数種の天然調味料など素材にとことんこだわる。秘伝の塩だれを溶け込ませた油で揚げたからあげは、ほかでは味わえない。
元祖中津からあげ もり山 万田・本店
大分県中津市大字万田 566-5
https://morikara.net/

14
大分県
骨なしからあげ

極限まで粉を落としているので、カリッとした食感の「薄衣」になっている。一つひとつ、ていねいに鶏皮で包み、うま味をしっかりと閉じ込める手法は創業以来の伝統だ。下味はしょうゆベースのつけだれ。にんにくやしょうがは控えめだが、その分、肉のうま味を存分に味わえる。
からあげ太閤
大分県宇佐市閤 492-3
https://karaage-taikou.com/

15
宮崎県
チキン南蛮

からあげを甘酢だれに浸し、タルタルソースをかけた宮崎名物。「カレー倶楽部ルウ」では、もも肉のからあげを、酸味の効いた秘伝の甘酢だれにくぐらせ、卵の食感を残した自家製タルタルソースをかける。メインメニューのカレーと合わせれば、スパイシーさが加わって、また格別な味わいに。
カレー倶楽部ルウ
宮崎県都城市姫城町 2-29
https://www.curryclub-ruu.jp/

いろんなご当地からあげ
どれもおいしそうだね

本書の制作協力者

編集アドバイザー
編集ライティング (P.112 〜 122)
松本 壮平

ライター & 編集者。日本唐揚協会認定カラアゲニスト。年間のからあげ喫食数は 300 食以上。『食楽 web』（徳間書店）にて、からあげ食べ歩きコラム「から活日記」連載中。

料理製作
(P.12〜23、P.64〜67、P.70〜87、P.90〜110)
服部 みどり

飲食店、食品メーカー勤務を経て、料理家として活動中。時短・簡単レシピ制作が得意。実家は東京・神保町にある鳥魚料理店で、幼少期からおいしいからあげを食べて育つ。

料理製作 (P.26 〜 45)
やすひさ てっぺい

日本唐揚協会会長。生まれながらのカラアゲニスト。日本のからあげが世界の KARAAGE になることを目指し活動中。日本唐揚協会については P.124 参照。

撮影、取材協力 (P.54-63)
天下鳥ます

2005 年にオープンしたからあげ専門店。イートインとテイクアウトの営業スタイルがあり、東京をはじめ全国、海外に出店中。30 種類以上のトッピングで人気を誇る。
http://www.ten-tori.com/

撮影、取材協力 (P.46-49)
茶割

酒 10 種を茶 10 種で割って楽しむ 100 種のお茶割りと、鶏肉 10 部位を 10 の味つけで楽しむからあげを提供。都内に 4 店舗を展開し、店舗ごとのメニューがある。
https://chawari.tokyo/

制作協力
パール金属株式会社

1967 年の設立以来、キッチン・リビング用品を中心に、アウトドアで使用されるレジャー用品、パーティ用品、ファンシー用品などを製造・販売している。
https://www.p-life.co.jp/

制作協力
株式会社ニチレイフーズ

日本における冷凍食品のフロンティアカンパニーとして、研究開発・調達・生産・販売・物流の能力をフル活用。看板商品の『特から®』は、冷凍からあげ売り上げ No.1。
https://www.nichireifoods.co.jp/

日本唐揚協会の試み

日本唐揚協会とは？

からあげを普及させるため、からあげについての見識が深く、そのおいしさを多くの人々に伝えることができる人物を、「カラアゲニスト」に認定。日本のみならず、世界中のおいしいからあげを探し、最終的には世界のからあげマップの作成を目指す。

会長：やすひさ てっぺい
会長考案の部位別からあげの作り方は→ P.26 ～ 45 に掲載！

カラアゲニストの名刺

公式キャラクター
「ピヨからくん」

協会の考えるからあげとは？

食材に小麦粉や片栗粉などを薄くまぶして油で揚げたもの。具材は鶏肉が一般的だが、魚や野菜、鶏以外の肉もすべてからあげとする。表記は歴史的観点から見て「唐揚」とする。また、世界へ飛び立ち「KARAAGE」とする。

協会ではどんなことをしているの？

日本で一番おいしいからあげ店を決定するイベントを開催。2011年から毎年行なっている。カラアゲニスト、一般の方の投票で、部門別に表彰する。

からあげ祭

神宮、甲子園といった球場や、お台場や公園などのイベントスポットなどに、臨時的に全国のからあげ店が集結。イベントを楽しみながらからあげを味わえる。他のグルメとコラボすることもある。

からあげカーニバル

全国各地の百貨店などで、からあげグランプリの受賞店が出店し、食べ比べができる数日間のイベント。全国の人気からあげが食べられると好評で、2010年から続いている。

これまでのイベント実績

・からあげフェスティバル
・からあげキャラバン
・伊勢丹からあげラリー
・ベストカラアゲニスト
・鳥マキガールズオーディション
・唐揚検定／揚師検定
・書籍プロデュース
詳しくは公式サイト参照→
https://karaage.ne.jp

鶏肉の部位別索引

※ P.26 ~ 49、P.54 ~ 63、P.70 ~ 87、
P.90 ~ 110 に掲載しているレシピ。

編集	若狭和明、松本裕の（以上スタジオポルト）
編集アドバイザー	松本壮平
デザイン	野本奈保子
DTP	明昌堂
写真	柿崎真子
イラスト	くにともゆかり
料理製作	服部みどり、村上有紀、松野季沙
校正	聚珍社

うちで作るからあげがウマい！

編 者　からあげ生活倶楽部
発行者　池田士文
印刷所　大日本印刷株式会社
製本所　大日本印刷株式会社
発行所　株式会社池田書店
〒162-0851　東京都新宿区弁天町 43 番地
電話 03-3267-6821(代)／振替 00120-9-60072

落丁・乱丁はおとりかえいたします。
©K.K.Ikeda Shoten 2021, Printed in Japan
ISBN978-4-262-13062-0

21000004